MÉMOIRE

SUR LE TRAITEMENT

DE LA RÉTENTION D'URINE.

De l'Imprimerie de LAURENS aîné, Imprimeur de la Société de médecine de Paris, rue du Colombier, n. 13.

MÉMOIRE

SUR

L'EMPLOI DU CAUSTIQUE,

PIERRE INFERNALE,

COMME MOYEN CURATIF DE LA RÉTENTION D'URINE, OCCASIONNÉE PAR LES RÉTRÉCISSEMENS DU CANAL DE L'URÈTRE.

PAR A. PETIT,

Docteur en Médecine de la faculté de Paris, membre du conseil de salubrité publique, et de la Société de Médecine du département de la Seine, membre émérite de la Société d'Instruction médicale, et associé de celle des Sciences physiques et naturelles de Paris, ancien Chirurgien interne des hôpitaux civils de la même ville.

Les faits sont le fondement de toutes les sciences physiques et naturelles.

R. BAC. ...

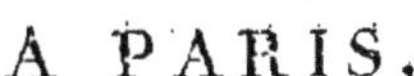

A PARIS,

Chez l'Auteur, rue Beauregard, n°. 14.

1811.

MÉMOIRE

SUR L'EMPLOI DU CAUSTIQUE,

PIERRE INFERNALE,

Comme moyen curatif de la rétention d'urine, occasionnée par les rétrécissemens du canal de l'urètre (1).

EXTRAIT DU JOURNAL DE MÉDECINE.

LES obstacles qui se forment dans le canal de l'urètre, sont sans contredit une des causes les plus fréquentes de la rétention d'urine. Ces obstacles, regardés comme des carnosités par les anciens, désignés par les chirurgiens anglais sous le nom de *strictures*, et connus en France sous la déno-

(1) Une méthode de traitement, qui consiste à introduire un caustique dans le canal de l'urètre, est bien propre sans doute à inspirer des craintes. Elle laisse entrevoir le danger de porter un agent destructeur, comme au hasard, dans un lieu profond,

mination de rétrécissemens du canal de l'urètre, sont ordinairement la suite de l'inflammation de la membrane muqueuse qui tapisse ce canal, et spécialement de celle qui est produite par le virus gonorhéïque.

De quelque manière que cette inflammation agisse sur les parois de l'urètre pour produire ces obstacles, et quelle que soit leur

---

doué d'une grande sensibilité, formé et environné de parties, dont la lésion peut être suivie d'accidens divers, plus ou moins graves. Elle a été essayée et abandonnée par un de nos grands chirurgiens. Elle est facilement remplacée par d'autres méthodes, reconnues jusqu'à présent comme plus sûres, et généralement adoptées. Enfin, elle n'a pas encore obtenu en France l'assentiment des maîtres de l'art. En faut-il conclure qu'elle doive être rejettée sans examen? Non, puisqu'elle a été mise en usage avec succès par des chirurgiens étrangers, de réputation; et que des premiers essais faits parmi nous semblent confirmer ses avantages. Cependant la prudence commande d'apporter l'attention la plus scrupuleuse à son examen, et de ne répéter les expériences de notre auteur qu'avec la plus grande circonspection. Toutefois nous avons pensé que la connoissance de cette méthode importoit à l'histoire de l'art; et c'est le principal motif qui nous a déterminés à la publier.

Note du Rédacteur du Journal de Médecine.

nature particulière, deux points sur lesquels les opinions sont encore partagées aujourd'hui, on a jusqu'ici employé trois moyens pour les détruire et rétablir le libre cours des urines. Ces moyens sont : 1°. la sonde qu'on introduit de vive force ; 2°. les bougies simples emplastiques ou de gomme élastique, avec lesquelles on dilatte graduellement les parois du canal; 3°. le caustique au moyen duquel on détruit les obstacles par des applications successives sagement ménagées.

Ce dernier mode de traitement a généralement été fort peu employé, sur-tout en France, où il a toujours trouvé des détracteurs puissans. De tout temps on a cru qu'il étoit sujet à un grand nombre d'inconvéniens qu'on n'a pas manqué d'exagérer. A la vérité, ce moyen employé par une main peu exercée a pu ne point réussir et même produire quelques accidens; mais est-il de bons instrumens pour de mauvais artistes ?

Pour peu qu'on veuille se donner la peine d'examiner la manière d'agir du caustique, dont il est ici question, on verra bientôt, par simple analogie, que son usage, comme moyen curatif de la rétention d'urine occasionnée par le rétrécissement du canal de l'urètre, ne doit pas être sujet aux inconvéniens qu'on veut bien lui supposer. En effet, sur quelque partie du corps qu'on applique la pierre infernale, le résultat de cette application est la destruction de la partie touchée, une légère cuisson, dont la plus longue durée est à peine d'une demi-heure, et une petite inflammation que la nature établit pour détacher l'escarre. Qu'on se serve de la pierre infernale pour réprimer les chairs fongueuses d'un ulcère, et lui donner ce juste degré d'inflammation nécessaire à la cicatrisation; qu'on la porte dans la bouche pour détruire des aphtes; ou sur la conjonctive, dont la sensibilité est si exquise, pour détruire quelques vaisseaux variqueux, on observera par-tout les mêmes phénomènes. L'analogie devoit donc naturellement porter à croire que ce moyen appliqué aux obstacles de l'urètre pourroit les détruire, et rétablir le cours des urines. La structure de ce canal étant bien connue, ainsi que le mode d'agir du caustique, on se trouvoit à-peu-près sûr d'avance du résultat qu'on devoit obtenir.

L'expérience confirma, en effet, ce que le raisonnement faisoit pressentir. Les praticiens qui employèrent le caustique dans la circonstance dont il s'agit, eurent tous plus ou moins de succès; du moins ne trouve-t-on nulle part des faits bien avérés qui puissent déposer contre ce moyen : au contraire, on trouve consignées dans des ouvrages de praticiens recommandables, un grand nombre d'observations qui prouvent en sa faveur. Home a même démontré, d'une manière évidente, par des faits multipliés, que dans les cas mêmes où le traitement par le caustique n'a pas eu tout le succès qu'on en espéroit, il n'a jamais aggravé l'état du malade.

Lorsque Guillaume Loiseau (1) employa le caustique sur la personne de Henri IV (2) pour détruire le rétrécissement de l'urètre (l'auteur dit de la carnosité) qui causoit la rétention d'urine dont ce Souverain étoit affecté, on l'accusa de témérité, on le calomnia. « A cause, dit-il (3), de quelqu'accident qui lui survint (au roi), non pas à

---

(1) Observations médicinales et chirurgicales. Bordeaux, 1617.

(2) Ce caustique étoit une poudre que l'auteur avoit composée à Bergerac (pag. 5); il incorporoit cette poudre dans du beurre frais, et la portoit au moyen d'une canule jusqu'à la carnosité qui formoit obstacle.

(3) *Ibid.* pag. 8.

cause de sa carnosité, ni des remèdes, mais à cause de quelqu'excès que Sa Majesté avoit faits; tellement que sans un vomissement qui lui survint promptement par deux fois, il eût été fort mal, de quoi il eut la fièvre trois ou quatre jours; et lors mes envieux faisoient courir le bruit (jusques dans Paris) que j'estois cause du mal du roi par mes remèdes et instrumens; mais le roi, asseuré de ma fidélité, et recognoissant bien que cela venoit d'ailleurs, me fit la faveur de parler pour moi, et me justifia en la présence du duc de Bouillon et plusieurs autres (1). »

Le succès obtenu par Guillaume Loiseau, sur une personne aussi éminente, n'attira cependant aucun partisan à son nouveau procédé. Hunter, après lui, employa un mode de traitement analogue avec un grand succès; et Home, son neveu, marchant sur ses traces, le rendit familier en Angleterre, où il est généralement employé aujourd'hui. En France, où la chirurgie a de tout temps été cultivée par des hommes du

(2) *Ibid.* pag. 11. L'auteur dit qu'il traita et guérit par le même moyen plusieurs autres individus. Le traitement dura de cinq à six semaines.

plus grand mérite, ce mode de traitement n'a point encore trouvé de partisans. Imbu des préjugés puisés à l'école, j'ai moi-même partagé l'opinion générale ; et si les circonstances ne m'avoient, pour ainsi dire, forcé à employer le caustique, je penserois probablement encore, avec la plupart des chirurgiens français, que ce moyen est dangereux ; et qu'avec un grand nombre d'inconvéniens, la méthode dite de Home n'a aucun avantage sur les autres modes de traitement ; mais l'expérience m'a détrompé. Le succès que j'en ai obtenu m'a démontré clairement que la chirurgie française pouvoit s'enrichir en admettant un mode de traitement qui, quoique généralement usité en Angleterre, a cependant été inventé et mis en usage pour la première fois en France, avec un entier succès.

En publiant ce Mémoire, j'ai donc cru me rendre utile à-la-fois et aux gens de l'art, en leur fournissant, en quelque sorte, un moyen de plus pour combattre une maladie aussi commune que dangereuse, et aux personnes qui sont affligées de cette maladie, en leur offrant un mode de traitement à-la-fois plus sûr, plus commode, et moins douloureux.

PREMIÈRE PARTIE.

Différens modes de traitement employés contre la rétention d'urine, occasionnée par les rétrécissemens du canal de l'urètre. — Méthode dite de Home. — Observations.

Il y a quelques années que Home, chirurgien anglais, a publié dans son pays un Traité sur l'emploi du caustique, comme moyen curatif de la rétention d'urine, occasionnée par les rétrécissemens du canal de l'urètre. Cet écrit a été connu en France par les nombreux extraits que M. Macmahon en a insérés dans la bibliothèque médicale. Mais au lieu de répéter, parmi nous, les expériences faites en Angleterre, et de constater par de nouveaux faits la vérité de ceux que Home a publiés ; la plupart des praticiens français se sont élevés contre un mode de traitement qui leur a paru à-la-fois cruel et rempli d'incertitudes et de dangers. Le raisonnement n'a pas manqué de leur fournir des armes puissantes, et tous les auteurs qui ont écrit depuis la publication de cet ouvrage sur les maladies des voies urinaires, ont consacré des chapitres entiers à la réfutation du procédé de curation que Home annonce avoir employé avec tant de succès.

Sans doute l'abus qu'on a fait de ce procédé en Angleterrre (1), aux États-Unis, en Russie, et ailleurs, en l'employant contre des rétentions d'urine d'une autre nature que celle qui est produite par les rétrécissemens de l'urètre, joint aux justes craintes que devoit inspirer l'action du caustique sur une partie aussi sensible, et destinée à des fonctions aussi importantes, étoit bien propre à détourner des essais qui auroient pu être tentés en France. Aussi il ne paroît pas jusqu'à ce jour qu'aucun chirurgien français ait osé employer le caustique pour détruire les rétrécissemens de l'urètre; du moins aucun fait n'a encore été publié à cet égard. M. Boyer est peut-être le seul qui, moins prévenu contre l'efficacité de ce moyen, en ait tenté l'application. Mais le malade, croyant qu'on vouloit faire une expérience sur lui, quitta l'hôpital de la Charité, après qu'on eut fait seulement trois ou quatre applications du caustique. Ce malade ne parut pas ressentir beaucoup de douleur de l'usage de ce moyen; mais il n'en retira aucun bénéfice.

Depuis cette époque, l'habile professeur

(1) J'entends toujours parler du laps de temps qui s'est écoulé depuis que Home a donné la première édition de son ouvrage.

que nous venons de citer n'a pas fait de nouvelles expériences. La grande facilité qu'il a acquise à franchir tous les obstacles au moyen de sa sonde à bec conique, lui a rendu le traitement par les sondes préférable à tous les autres moyens: mais ce traitement est très-douloureux, très-long, très-incommode; détermine quelquefois des accidens graves; et les rechûtes ne sont point rares, et ne peuvent être prévenues que par un usage presque habituel des sondes ou des bougies.

Le traitement par les bougies est celui que l'on emploie le plus généralement en France. Il est moins douloureux que le traitement par les sondes; mais il est beaucoup plus long, presque aussi incommode, et ses résultats ne sont pas plus assurés.

Ce mode de traitement suppose la possibilité d'introduire une bougie dans la partie rétrécie du canal, et cette possibilité n'existe pas toujours; il faut alors recourir à un autre procédé. En France, il ne reste de ressource que dans la sonde. En Angleterre, au contraire, on préfère l'emploi du caustique. Nous avons été deux fois dans le cas d'user de ce moyen; dans les deux cas, le succès a été complet.

L'instrument que Home emploie pour

appliquer le caustique, est le même que celui dont Hunter se servoit dans les dernières années de sa vie. Voici de quelle manière on prépare cet instrument (Bibli. méd. tom. VI, pag. 10.) (1).

On prend une bougie d'une grosseur convenable au diamètre actuel de l'urètre; on adapte à son extrêmité un petit morceau de pierre infernale qui, sur les côtés, seroit enveloppé par la substance de la bougie, et dont le bout seul seroit à découvert; on laisse prendre à cette bougie une certaine consistance par le réfroidissement, et on l'enduit d'huile avant de s'en servir.

Pour se servir de cette bougie armée, on commence par introduire dans l'urètre une bougie simple de même grosseur, pour frayer le passage, et s'assurer à quelle distance de l'orifice se trouve le rétrécissement. On marque avec exactitude cette distance sur la bougie armée du caustique, qu'on introduit aussitôt qu'on a retiré la bougie non armée. La rapidité avec laquelle elle parcourt le canal, ne permet point de craindre pour les parois

(1) Je cite la bibliothèque médicale au lieu de citer l'ouvrage même, parce que cet ouvrage est très-peu répandu en France, et qu'il est difficile de se le procurer.

saines de l'urètre, avec lesquelles le caustique ne peut guères rester en contact, puisqu'il occupe la partie centrale de la pointe de la bougie, et que cette pointe suit l'axe du canal.

« Cette méthode, dit Home, pratiquée par Hunter dans les dernières années de sa vie, et constamment mise en usage, depuis, dans ma pratique, n'a jamais offert le moindre résultat désavantageux. Elle a été enseignée publiquement dans mes cours. Par elle, on parvient facilement aux rétrécissemens dans leur siège le plus ordinaire, c'est-à-dire, à la courbure du canal de l'urètre. »

C'est avec un instrument semblable, c'est en l'employant de la manière qu'on vient de décrire que j'ai traité les deux malades dont je vais rapporter l'observation. J'ai néanmoins été conduit à faire éprouver à cet instrument quelques modifications qui le rendent plus sûr à manier; et, dans le traitement, j'ai tenu compte d'une circonstance particulière à laquelle Home ne semble pas avoir pensé, et qui cependant me paroît d'une haute importance, puisqu'elle assurera peut-être la cure radicale, et conséquemment ne laissera plus craindre les rechûtes dont le traitement, suivant la méthode de Home, n'est point exempt.

1re *Observation*. M.***, âgé de 55 ans, d'un tempérament sanguin-nerveux, très-irritable, et doué d'une bonne constitution, fut affecté, étant aux Grandes-Indes, d'une rétention d'urine occasionnée par un rétrécissement du canal de l'urètre. Cette maladie, abandonnée à elle-même, fit des progrès continuels, et parvint dans l'espace de dix à douze ans à un tel point d'accroissement, que le malade ne pouvoit plus uriner qu'étant accroupi et en faisant des efforts considérables. Dans ces efforts, me, dit-il, je rendois souvent plus de sang par l'anus que d'urine par la verge. Fréquemment la rétention d'urine devenoit complète; et ce n'étoit qu'à force de bains et d'applications émollientes que le malade pouvoit parvenir à exprimer quelques gouttes d'urine.

Forcé de camper dans des lieux insalubres et durant la saison des pluies, le malade fut attaqué d'une fièvre intermittente qui aggrava cet état. Cette fièvre, qui dans le principe étoit régulière et céda à l'usage du quinquina, devint ensuite irrégulière, et éluda tous les moyens curatifs. Réduit à l'extrémité par deux maladies qui s'aggravoient mutuellement, et dont l'une cependant étoit entièrement dépendante de l'autre, M. *** se décida à quitter un pays où il ne trouvoit aucun soulagement à ses maux, pour retourner en Europe, où il espéroit recouvrer la santé. Ce fut à Londres qu'il débarqua. Là, son premier soin fut d'appeler un médecin en réputation. Ce médecin l'ayant examiné lui annonça que la fièvre dont il étoit souvent affecté, n'étoit pas de son ressort; qu'elle dépendoit du rétrécissement du canal de l'urètre, et lui conseilla de faire demander M. Home, et de lui donner sa confiance.

Home reconnut la cause de la rétention d'urine, et de la fièvre irrégulière à laquelle le malade étoit sujet. Il proposa l'emploi du caustique qui fut accepté. L'application du caustique fut faite régulièrement tous les deux jours.

Après les premières applications, la fièvre ne reparut plus. Les urines semblèrent couler avec un peu moins de difficulté.

Le traitement dura environ cinq mois, et il n'y eut pendant tout son cours aucun accident. Lorsque les urines coulèrent à plein canal, Home annonça au malade que sa guérison étoit achevée, et lui recommanda de passer de temps en temps une bougie dans le canal, afin de prévenir la récidive de la maladie.

Quelques années après sa guérison, M.***

quitte Londres, et revint en France sa patrie; il néglige de faire usage des bougies. Le rétrécissement se reproduit; la fièvre irrégulière paroît de nouveau; et le malade, sentant la nécessité des secours de l'art, se met entre les mains d'un des premiers chirurgiens de Paris, douze ans environ après avoir subi le traitement par le caustique.

Sur la fin du mois d'octobre 1808, le malade est soumis à un nouveau traitement. Le chirurgien auquel il se confie, se détermine d'abord à dilater le canal au moyen des bougies simples ordinaires; mais les tentatives qu'il fait pendant quinze jours environ pour pénétrer dans l'obstacle, sont infructueuses. Le malade se trouvoit alors dans l'état suivant.

Santé générale assez bonne; besoins fréquens de rendre des urines; excrétion de ce liquide incomplète, ne se faisant que par un jet fin, souvent bifurqué, et quelquefois seulement goutte à goutte; urines chargées de mucosités abondantes; écoulement habituel de mucosités puriformes par la verge. Les digestions laborieuses rendent l'excrétion des urines plus difficile. La température froide et humide semble produire un effet analogue. L'influence réciproque de l'état de l'estomac sur l'excrétion des urines, et de cette fonction sur l'état de cet organe paroît très-marquée.

Impatient de souffrir et de recevoir des soins infructueux, M.*** se détermine à subir un traitement par la sonde. Le même chirurgien tente le cathétérisme. La sonde est déviée par l'obstacle, et ne peut parvenir dans la vessie. Bientôt après, le malade en urinant sent une forte cuisson qui s'étend de l'origine des bourses le long du périnée, jusqu'à une petite distance au-devant de l'anus, sur le côté droit du raphé. Le même soir, accès complet de fièvre qui dure environ douze heures. Excrétiou des urines plus difficile.

Traitement. — Cataplasme émollient appliqué au périnée. Fomentations de même nature sur la région hypogastrique. Bain de siège.

Le lendemain, l'infiltration urineuse s'étend de l'autre côté du raphé. Le périnée présente une tuméfaction sensible. — *Même traitement.*

La tuméfctaion augmente les jours suivans. Uu abcès devient manifeste : on l'ouvre à-peu-près vers sa partie moyenne par une incision longitudinale, presque parallèle au raphé. Il en sort du pus mêlé d'urine. On continue

continue l'usage des mêmes moyens curatifs. Peu-à-peu les lèvres de la plaie se dégorgent; la tuméfaction du périnée disparoit, et il ne reste bientôt plus qu'une petite ouverture fistuleuse, qui donne de temps en temps issue à quelques gouttes d'urine.

M.*** se trouvoit alors, relativement à l'excrétion des urines, dans le même état qu'avant le traitement: il étoit plus affoibli par les souffrances. Une petite crevasse existoit dans le canal, vers le commencement de l'obstacle; et la petite fistule laissoit toujours écouler quelques gouttes d'urine dans le moment où le malade les rendoit.

Un autre chirurgien, du premier mérite, chargé du traitement de la maladie, tente plusieurs fois de pénétrer dans l'obstacle avec une sonde fine de gomme élastique; toutes les tentatives sont infructueuses. Il essaye de nouveau l'introduction des bougies, mais en vain; toutes sont arrêtées au commencement de l'obstacle; aucune ne peut s'y engager.

Ces diverses tentatives provoquent presque toujours un état spasmodique des voies urinaires; cette disposition se communique à toute l'économie. Un accès fébrile se développe, parcourt ses périodes, et se termine par des sueurs abondantes qui font cesser le spasme, et remedient aux autres accidens fébriles. Le malade s'affoiblit de jour en jour; son état, loin de s'améliorer, devient plus fâcheux; les accès fébriles se renouvellent plus fréquemment.

Les bains de siége, les applications émollientes à la région hypogastrique, les toniques fixes à l'intérieur, sont mis en usage avec quelque succès. La santé générale du malade s'améliore; mais l'état des voies urinaires n'éprouve aucun changement.

Le chirurgien propose alors de pénétrer dans la vessie de vive force, avec une sonde d'argent à bec conique; mais le malade s'y refuse; il craint que cet instrument soit de nouveau dévié, et ne pénètre dans la crevasse du canal. Il veut attendre que cette ouverture soit fermée et bien consolidée. Dans cet intervalle, M***, à qui je donnois des soins d'amitié, me témoigne le désir d'être traité de nouveau par le caustique. Il en fait part à son chirurgien, et me prie de lui préparer des bougies armées.

Vers le 15 du mois de janvier 1809, on commence ce traitement, en suivant le procédé de Home. Le malade éprouve peu de douleurs des premières applications, elles n'aggravent point son état, mais ne l'ameliorent pas; l'excrétion des urines éprouve des variations. La fistule urinaire se rouvre et se ferme alternativement; des accès fébriles se manifestent par intervalle, et me forcent de suspendre l'application du caustique. Le malade, entièrement livré à mes soins, voyant que l'usage du caustique ne change rien à sa maladie, est un moment décidé à se laisser sonder; mais le moment qui suit, il ne veut plus; et je continue l'application des bougies armées.

Vers les premiers jours du mois de mai de la même année, M.... voyant que son état ne s'amélioroit point, se décida à quitter Paris; mais après quelques jours de voyage il revint sur ses pas. De retour dans cette ville, il reste huit jours à se reposer, et paroît décidé à subir le traitement par la sonde. La fistule urinaire étoit alors complètement cicatrisée.

Cependant la crainte que l'opération du cathéterisme lui inspire, le porte à commencer de nouveau l'application du caustique. Je touchai dès-lors régulièrement tous les deux jours, sans obtenir la moindre amélioration dans l'excrétion des urines; mais la bougie sembloit avancer (1) dans la partie rétrécie du canal. Chaque fois que je retirois l'instrument, je trouvois son extrémité couverte d'une matière pultacée, d'un gris blanchâtre. Et le lendemain de l'application du caustique, le malade rendoit ordinairement de très-petites parcelles applaties, de même couleur, qui sembloient être des lambeaux de la petite escarre formée par l'action du caustique.

Enfin le 28 mai, après trente-cinq applications du caustique, l'obstacle fut franchi; le malade put tout-à-coup uriner par un jet assez gros. Le 30, la bougie préparatoire passa librement jusqu'au bulbe de l'urètre, où elle fut arrêtée par un obstacle peu considérable, que trois applications du caustique suffirent pour détruire. Les urines coulèrent dès-lors librement et à plein canal. La vessie se vida complètement, et les mucosités mêlées de pus, qui sortirent habituellement de l'urètre pendant le cours du traitement, se tarirent peu-à-peu.

---

(1) La difficulté de tendre toujours également la verge sur la bougie, fait qu'on ne peut pas s'assurer d'une manière bien positive des progrès de chaque application.

La bougie préparatoire, quoiqu'un peu gênée, ayant traversé le second obstacle, je ne jugeai pas à propos de continuer plus long-tems l'application du caustique. Depuis cette époque M.. a toujours joui d'une bonne santé; la fièvre à laquelle il étoit sujet ne s'est plus reproduite. Dans le cours du mois d'août 1810, j'ai eu occasion de le revoir, et de passer une bougie préparatoire jusque dans la vessie; mais j'ai observé qu'elle est toujours gênée dans son passage à travers le second obstacle. Pour maintenir le canal dans sa grandeur naturelle, M.... a soin de recourir de temps en temps à l'usage d'une bougie simple qu'il passe jusques dans la vessie, et qu'il retire immédiatement.

Je pense qu'il est essentiel de remarquer que ce malade n'a presque jamais éprouvé de douleur par l'application du caustique. Cette absence de la douleur lui a fait supçonner plusieurs fois que le caustique ne valoit rien; pour s'en assurer il s'en frottoit les mains, qui ne manquoient pas de devenir noires dans les endroits où elles avoient été touchées par le nitrate d'argent.

Durant tout le cours du traitement, nous n'avons pas observé que l'action du caustique eut une influence sensible sur l'excrétion des urines ; et nous avons toujours remarqué que les tentatives, faites avec des bougies ordinaires pour pénétrer dans l'obstacle, irritoient beaucoup le malade, et provoquoient presque toujours cet état spasmodique du canal qui, se communiquant au reste de l'économie, donnoit lieu à un accès fébrile complet, dont la moindre durée étoit ordinairement de douze heures. Ces accès étoient plus ou moins violens, accompagnés d'une soif extrême et de délire ; des sueurs abondantes en marquoient le dernier période, et étoient toujours suivies d'un état de faiblesse plus ou moins grand.

2e. *Observation.* Sur la fin d'octobre 1809, M. V.... vint à Paris pour y établir une maison de commerce. Cet homme, habituellement valétudinaire, croyoit sa maladie incurable, et étoit, suivant son expression, résolu de vivre avec son ennemi. En conséquence il ne vouloit plus consulter aucun médecin. Cependant une sœur et une nièce qu'il avoit auprès de lui, demandent, à son insu, à leur hôtesse de leur procurer un bon médecin. M. Emonnot est mandé ; il reconnoit que la maladie de M. V.... est une rétention d'urine par rétrécissement du canal de l'urètre. Cette affection étant du ressort de la chirurgie,

M. Emonnot ne veut point se charger du traitement, et donne mon adresse au malade.

M. V...., âgé de 45 ans, d'un tempérament sanguin lymphatique, et doué d'une bonne constitution, me dit être affecté d'une rétention d'urine qui duroit depuis environ dix ans, et qui avoit succédé à trois gonorrhées dont aucune ne fut traitée par injection. Cette rétention d'urine s'étoit formée peu-à-peu. Le jet des urines avoit d'abord diminué, chaque jour il étoit devenu plus fin, et bientôt le malade ne put uriner que goutte à goutte, ou par un filet semblable à celui qui tombe du sabot du remouleur. Souvent même il ne pouvoit rendre les urines sans les excrémens. Le besoin d'uriner se faisoit fréquemment sentir. M. V.... se réveilloit cinq à six fois pendant la nuit, pour ne rendre chaque fois qu'une petite quantité d'urine. La vessie ne se vidoit jamais; et un écoulement abondant de mucosités puriformes obligeoit le malade à se garnir de linges. Cette affection avoit été regardée dans la province, comme le résultat d'une cause interne. Dans les momens de rétention complète, on avoit plusieurs fois cherché à introduire une sonde dans la vessie, mais on n'avoit jamais pu y parvenir. Les boissons mucilagineuses légèrement nitrées, les bains, les fomentations émollientes réussissoient à relâcher le canal, et à faire couler les urines.

Le 27 novembre 1809, j'essayai d'introduire une sonde fine de gomme élastique; elle fut arrêtée par un obstacle à l'origine du scrotum. Une bougie fine ne pénètre pas davantage.

Le 28, j'apportai une des bougies dites préparatoires, je l'introduisis, et elle fut arrêtée par un obstacle à un pouce de distance de la fosse naviculaire, dans l'endroit qui, au rapport du malade, avoit été le siége de la dernière gonorrhée. Je ne cherche point à forcer cet obstacle, me proposant de le détruire par le caustique, afin de me frayer une route facile vers le premier dont j'ai parlé. Comme le canal étoit un peu sensible au contact de la bougie, je la laissai au malade, en lui recommandant de la passer de temps en temps pendant quelques jours, afin d'habituer le canal à ce contact.

Le 1er novembre, je touche légèrement le premier obstacle avec le caustique; son contact excite une petite cuisson qui se dissipe entièrement au bout de trois quarts d'heure.

Le 3, je réitère l'application du caustique, que je tiens plus long-temps en contact avec l'obstacle. La cuisson est un peu plus forte et se prolonge davantage. Je ne change rien à la manière habituelle de vivre du malade; il continue à se livrer à ses occupations.

Le 5, nouvelle application, mêmes phénomènes; le cours des urines n'est nullement altéré; il y a pendant la nuit deux érections involontaires un peu douloureuses. L'immersion de la verge dans l'eau froide suffit pour faire tomber l'érection. La santé générale du malade est toujours bonne.

Le 7, nouvelle application, mêmes phénomènes.

Le 9, *idem*.

Le 11, la bougie préparatoire franchit le premier obstacle, et est arrêtée par le second où étoient parvenues la sonde et la bougie fine dont j'ai parlé. Le second obstacle est touché; mêmes phénomènes, même état du malade.

Le 13 et le 15, nouvelles applications; mêmes phénomènes.

Le 17, *idem*. Les érections nocturnes involontaires cessent.

Je continue régulièrement tous les deux jours l'application du caustique. La douleur que le malade éprouve, est tantôt plus, tantôt moins vive, et se prolonge plus ou moins. Je limite la durée de l'application depuis une demi-minute jusqu'à une minute sur la douleur que le malade éprouve. Les urines coulent avec plus de facilité, le jour où l'obstacle est touché par le caustique. Le lendemain, elles coulent moins facilement ; j'en reconnois la cause dans l'escarre qui se détache, et que le malade rend par petites parcelles d'un gris blanchâtre que l'on voit et que l'on peut toucher.

Le 6 décembre, la bougie préparatoire franchit le second obstacle, et en rencontre un troisième vers le bulbe de l'urètre. Le même jour, application du caustique à ce nouvel obstacle : il n'en résulte aucun phénomène particulier. Le lendemain, le malade rend un lambeau membraniforme, long d'environ six lignes et large de deux. Ce lambeau d'un blanc grisâtre, et assez consistant, ressemble à une portion de fausse membrane, et paroît être le résultat de mucosités épaissies, organisées sous la forme membraneuse.

Le 8, nouvelle application du caustique. Il n'arrive rien de particulier. Le lendemain, nouveau lambeau membraniforme rendu avec les urines.

Le 10, les urines coulent par un jet un peu plus fort. Le lendemain, l'excrétion de ce liquide est plus difficile. Le malade rend chaque jour quelque petite parcelle d'escarre qu'il est bien facile de distinguer, par la forme et la couleur, des lambeaux membraniformes dont nous venons de parler.

Continuation du traitement. Le jet des urines grossit chaque jour un peu. Le lendemain de l'application du caustique, le cours des urines est toujours un peu embarrassé par les portions d'escarre qui se détachent.

Jusqu'au 20, je continue régulièrement l'application du caustique tous les deux jours; il ne se passe rien de particulier. Le 20, j'en prolonge l'application plus long-temps qu'à l'ordinaire. La douleur est un peu plus vive; cependant elle se calme insensiblement comme de coutume; et trois heures après l'opération elle cesse complètement. Le malade dîne avec appétit; une heure après le dîner, il éprouve un mal-aise; il veut uriner, et ne peut rendre qu'une petite quantité d'urine avec difficulté. Un sentiment de spasme se fait sentir dans les voies urinaires, se propage à toute l'économie. Le froid, le frisson s'emparent du malade et annoncent un accès de fièvre. Le froid est violent et se prolonge. Le besoin d'uriner se fait sentir avec force; le malade fait des efforts pour satisfaire ce besoin; et tout-à-coup les urines partent avec rapidité par un jet qui remplit le canal et forme l'arcade (1). La vessie, pour la première fois depuis dix ans, se vide complètement (2); cependant l'accès fébrile continue; au froid succèdent la chaleur et la sueur. La langue est sèche et rouge sans paroître vernie. Il y a un délire lucide continuel, et une loquacité extrême, qui est à charge au malade lui-même, et qu'il cherche à empêcher en se tenant la langue avec les doigts. — Cet accès dure douze heures.

Le 22, la bougie préparatoire pénètre dans la vessie. Le soir du même jour, je viens la passer de nouveau; je la fixe à la verge, et je recommande au malade de la garder le plus long-temps qu'il pourra. Au bout de quatre heures, le besoin d'uriner se fait sentir; le malade retire la bougie, rend les

---

(1) Le jet fut si fort, que le bruit qu'il fit fut entendu par les personnes qui étoient dans la pièce voisine.

(2) On jetta les urines avant que je fusse arrivé auprès du malade; en sorte que je n'ai pas pu examiner si elles contenoient quelques portions d'escarre: ce qui est très-probable.

urines à plein canal, et la vessie se vide complètement.

Le 23, je passe une nouvelle bougie pour la laisser à demeure; le malade la garde six heures.

Je continue de même le 24; le 25, le malade est obligé de repartir pour son pays. Je lui donne plusieurs bougies préparatoires, en lui recommandant d'en passer tous les soirs une, et de la garder pendant la nuit jusqu'à ce qu'il n'y ait plus aucun écoulement par l'urètre.

Le malade suivit exactement mes conseils. Au bout de quinze jours, l'écoulement fut entièrement tari. Deux mois après, il revint à Paris; je voulus alors m'assurer dans quel état se trouvoit le canal de l'urètre. J'introduisis une des bougies préparatoires, et je parvins dans la vessie avec une facilité extrême. — M. V.... est actuellement chez lui, d'où il me donne souvent de ses nouvelles : il jouit d'une excellente santé (1).

Durant tout le cours du traitement, le malade qui fait le sujet de cette observation,

---

(1) Ce malade vient d'arriver à Paris, et se trouve, relativement aux voies urinaires, dans l'état le plus satisfaisant; rien encore n'annonce de récidive.

eut un écoulement très-abondant de mucosités mêlées d'une matière vraiment purulente ; qui probablement étoit le résultat de la suppuration établie par la nature pour séparer les escarres faites par le caustique.

Ce dernier malade, quoique beaucoup moins nerveux que le premier, étoit néanmoins sujet comme lui à des accès irréguliers de fièvre intermittente. Chez tous les deux la fièvre avoit le même caractère. Elle commençoit toujours par un état de spasme, qui des voies urinaires se propageoit au reste de l'économie, et excitoit un mal-aise général, lequel précédoit ordinairement de plusieurs heures le développement de l'accès fébrile. A cet état de spasme succédoient le froid et les frissons, quelquefois avec tremblement, suivant la violence de l'accès. Durant cette période, la soif étoit intense, et le malade avoit plus ou moins de délire. La durée de cette période étoit variable ; en général, elle étoit de plusieurs heures. Une chaleur sèche très-incommode lui succédoit ; la soif et le délire continuoient, en diminuant cependant à mesure que la période de la sueur approchoit. Une fois la sueur établie, la soif subsistoit à peine, le délire cessoit ; et si la sueur étoit abondante et suffisamment prolongée, elle ramenoit le malade à l'état de santé habituelle. Si au contraire la sueur ne s'établissoit pas d'une manière complète; ou si par une cause quelconque elle étoit arrêtée dans son cours, il se formoit un nouvel accès fébrile, qui se développoit aussi régulièrement que le premier, et donnoit à la maladie le caractère de fièvre subintrante. Des médecins du plus grand mérite, qui furent appelés pour donner des soins au premier des deux malades dont je viens de parler, prirent cette fièvre purement symptomatique pour une fièvre pernicieuse; et administrèrent jusqu'à une demi-livre de quinquina par jour. Rien, en effet, ne ressemble plus à la fièvre pernicieuse que cette fièvre symptomatique, tant par la nature même de ses symptômes, que par l'état qui lui succède. Une altération bien sensible des traits, et une plus ou moins grande foiblesse se remarquent presque toujours à la suite de ces accès.

Il faut cependant avouer que l'état de l'estomac a une grande influence sur la reproduction des accès. Lorsqu'il est foible, qu'il remplit mal ses fonctions; que les digestions sont longues et pénibles, soit parce que l'estomac est débilité, soit parce qu'on lui donne plus d'alimens à digérer que ses forces ne le comportent, ou des alimens de difficile digestion par leur nature; alors les accès se reproduisent plus fréquemment, et les toniques, en remontant les forces de l'estomac, contribuent d'une manière évidente à éloigner les accès et à les rendre moins violens. Mais tant que la cause qui les provoque n'est point détruite, c'est-à-dire, tant que le malade conserve le rétrécissement de l'urètre, il reste exposé aux accès fébriles nerveux dont je viens de parler, et tous les fébrifuges possibles ne peuvent être regardés que comme des moyens palliatifs.

J'ai cru devoir m'étendre un peu sur cette espèce de fièvre, à laquelle les malades affectés de rétention d'urine par rétrécissement du canal de l'urètre sont sujets; afin d'éveiller à cet égard l'attention des médecins qui, se méprennant sur la nature de la fièvre, tourmentent souvent les malades par une médecine infructueuse, et ont la double douleur de les voir souffrir et de trouver leur propre savoir en défaut.

DEUXIEME PARTIE.

DEUXIÈME PARTIE.

Objections faites contre la méthode de Home, pour le traitement de la rétention d'urine produite par le rétrécissement de l'urètre.

Ces objections peuvent se réduire à trois :

1°. Le traitement par le caustique doit être très-douloureux, et exposer le malade à des accidens graves.

2°. Le caustique peut se détacher de la bougie qui le porte, rester dans le canal, et en détruire les parois ou y déterminer une inflammation dangereuse.

3°. Ce traitement, dit-on, n'a aucun avantage sur le traitement par les sondes ou par les bougies. La maladie est de même sujette à récidiver.

Les deux observations que je viens de rapporter, toutes celles que Home a publiées, répondent suffisamment à la première objection. Les deux malades que j'ai traités, attesteront quand on le voudra le peu de fondement de cette objection. Des raisonnemens, quelque spécieux qu'ils paroissent, ne suffiront jamais pour improuver des faits ; il faudra toujours, à leur égard, en référer au tribunal de l'expérience. Ainsi on ne s'étonnera pas, si je ne cherche point à combattre la première objection par la voie du raisonnement.

La seconde objection est réellement fondée; les bougies armées de caustique, préparées comme Home l'indique, ont en effet l'inconvénient d'abandonner quelquefois le caustique dans le canal (1). On peut voir, dans l'ouvrage que ce chirurgien a publié; plusieurs cas où cet accident est arrivé, sans que, cependant, il en soit résulté rien de fâcheux. En supposant, à cet égard, l'auteur de bonne foi, on ne peut néanmoins ne pas craindre les suites d'un pareil évènement. Un morceau de pierre infernale, détaché de la bougie, pourroit agir sur les parois du canal de manière à les détruire et à y causer une crevasse avec perte de substance; l'escarre une fois détachée, les urines s'infiltreroient; des abcès urineux, des fistules urinaires en seroient les suites nécessaires. En supposant même que l'action du caustique

(1) J'ai eu occasion de voir de ces bougies l'année dernière; je m'en suis même servi plusieurs fois; et il m'est arrivé qu'en cherchant à mettre le caustique à découvert, la seule chaleur de mes doigts a suffi pour le relâcher et le détacher de la bougie.

ne fût pas assez forte pour produire une crevasse au canal de l'urètre, l'inflammation seule qui en résulteroit, suffiroit pour causer des accidens graves, très-propres à effrayer le malade, et à décourager l'homme de l'art. Il étoit donc important de faire disparoître cet inconvénient, en fixant le caustique de manière qu'il ne pût jamais se détacher de la bougie destinée à le porter dans le canal, quelque petite que fût d'ailleurs la portion de caustique enveloppé par la bougie.

N'ayant jamais employé ni vu employer les bougies armées de caustique, n'ayant même point encore vu les bougies de Home lorsque j'ai traité le premier malade, la crainte que le caustique ne se détachât de la bougie destinée à le porter dans le canal, me rendit très-soigneux dans la confection de cet instrument, et très-circonspect dans son application. Après différens essais, qui tous laissoient quelque chose à désirer, je me suis déterminé à faire, à l'imitation de Home, des bougies cylindriques, dont j'ai roulé une des extrémités sur un petit cylindre de fer de la grosseur du caustique. La bougie ainsi préparée, j'ai retiré le cylindre de fer, et je lui ai substitué un morceau de caustique préalablement trempé dans une substance résineuse en fusion. Par le réfroidissement, le caustique contracta avec le corps de la bougie des adhérences telles qu'on ne put plus séparer le caustique de la bougie sans briser l'un ou dénaturer l'autre.

Pour répondre à la troisième objection, je la diviserai en deux parties.

I. Ce traitement, dit-on, n'a aucun avantage sur le traitement par les sondes ou par les bougies simples ordinaires.

A en juger d'après les deux observations précédentes, et d'après celles que Home a publiées, il est évident que ce mode de traitement a des avantages bien marqués sur les deux autres.

1°. Il n'assujétit en rien le malade, qui continue de vaquer à ses affaires, de se livrer à ses occupations habituelles quelles qu'elles soient, et de mener son régime de vie ordinaire; il faut seulement qu'il évite les excès.

2°. L'inflammation et les accidens qui surviennent souvent lorsqu'on cherche à introduire une sonde de vive force à travers l'obstacle, et qui sont quelquefois provoqués par le séjour de cet instrument dans le canal de l'urètre et dans la vessie, ne sont point à craindre, quand on détruit peu-à-peu cet obstacle au moyen du caustique.

3°. La guérison est toujours plus prompte: quelquefois un petit nombre d'applications du caustique suffit pour guérir le malade; tandis que dans les cas mêmes où l'obstacle est peu considérable, il faut toujours des mois pour obtenir un pareil résultat par le traitement des sondes, ou par celui des bougies.

4°. Le traitement par le caustique demande des soins, quelques précautions, mais n'exige pas, comme le traitement par la sonde, une grande habileté que l'habitude seule peut donner. Un homme prudent parvient bientôt à manier la bougie armée avec autant de sécurité qu'une bougie simple. L'habitude de s'en servir est un avantage réel pour celui qui l'a contractée; mais cette habitude n'est ni longue, ni difficile à acquérir, et n'exige pas un grand effort de la part de l'esprit, ni une grande adresse dans la main.

II. On dit que la maladie est également sujette à récidiver après le traitement par le caustique comme après celui par la sonde ou par les bougies simples.

1°. L'expérience a en effet prouvé la vérité de cette assertion. Plusieurs malades qui ont été traités en Angleterre par la méthode de Home, ont eu des récidives ; le premier de mes malades, qui fut traité par Home lui-même, en est une preuve irrévocable. Mais ces récidives ont, en général, été beaucoup plus tardives qu'elles n'ont coutume de l'être à la suite du traitement par dilatation forcée ou graduelle, au moyen des sondes ou des bougies.

2°. Home et les autres chirurgiens qui ont employé sa méthode, ont abandonné les malades dès que les obstacles ont été une fois détruits, et que conséquemment les urines ont pu sortir à plein canal et en formant le jet. Ils n'ont pas fait attention que, le caustique produisant probablement une véritable plaie, cette plaie, abandonnée à elle-même, se cicatrisoit par les seuls bénéfices de la nature. Mais la cicatrice ainsi livrée au seul travail de la nature doit, en se formant, tendre à rapprocher les bords de l'ulcération, et à diminuer par cela même le calibre du canal. Voilà, je crois, la cause principale de la récidive de la maladie après le traitement par le caustique. Peut-être obtiendroit-on une cure beaucoup plus durable, si, après avoir détruit les obstacles, on faisoit porter au malade des bougies simples, jusqu'à ce que le pus qui s'écoule de l'ulcération produite par le caustique ait entièrement disparu. De cette manière, la cicatrisation se seroit en quelque sorte formée sur un moule, et auroit ainsi perdu la tendance qu'elle a toujours à rapprocher les bords de l'ulcération. J'ai employé ce moyen chez le second malade dont j'ai rapporté l'observation. Le temps apprendra si j'ai réussi à obtenir une cure radicale. Ce malade est encore jeune, il jouit d'une bonne constitution, et sa situation dans le monde me permettra toujours de le suivre.

Depuis que j'ai lu ce Mémoire à la société de la faculté de médecine, j'ai eu occasion d'employer le même mode de traitement sur un malade qui me fut adressé par M. Pariset, mon collègue au conseil de salubrité, et l'un des professeurs les plus distingués de l'athenée de Paris. Je crois faire plaisir à mes lecteurs en rapportant l'observation relative à ce malade; on verra que le traitement par le caustique a encore été couronné d'un entier succès.

M. A...., de Nantes, âgé de 60 ans, et doué d'une bonne constitution, étoit affecté depuis 10 ans d'une rétention incomplette d'urine. Cette rétention s'étoit formée peu-à-peu à la suite de plusieurs gonorrhées, et reconnoissoit pour cause immédiate deux rétrécissemens du canal de l'urètre. Le malade, dans cet espace de temps, avoit employé successivement un traitement par les sondes et un par les bougies; mais il n'en avoit obtenu qu'un foible succès, quoiqu'il eût porté des sondes et des bougies du plus gros calibre. Dans les deux cas la maladie s'est reproduite, malgré la précaution qu'il avoit de passer de temps en temps une bougie.

A l'époque où ce malade s'est confié à mes soins; il ne pouvoit uriner que par un jet très-fin, quelquefois bifurqué, et souvent interrompu. Il sentoit très-distinctement les urines s'arrêter derrière l'obstacle le plus voisin de la vessie. Il en facilitoit alors la sortie en comprimant et allongeant la verge. L'excrétion de ce liquide étoit, comme chez tous les malades qui sont affectés de la même maladie, influencée d'une manière très-marquée par l'état de l'estomac, par le régime et par l'action de la température extérieure et des vicissitudes atmosphériques. Le temps froid et humide, les digestions laborieuses rendoient toujours l'excrétion des urines plus difficile.

Le 14 mai 1811, la santé générale du

malade étant très-bonne, je commençai la première application du caustique, sans aucune précaution préalable, limitant la durée de l'application sur le degré de sensibilité que témoigna le malade. Il ne se passa rien de particulier.

Le 16, seconde application; il n'y eut rien de remarquable relativement à la douleur produite durant l'opération, ni à l'excrétion des urines. Un écoulement de matières muqueuses puriformes commença à se manifester. Il y eut, durant la nuit, une érection légèrement douloureuse.

Le 18, nouvelle application; l'écoulement des matières muqueuses puriformes augmenta et continua à avoir lieu d'une manière abondante durant tout le cours du traitement. Il y eut, pendant la nuit, deux érections un peu plus douloureuses que celle qui eut lieu dans la nuit du 16.

Après la septième application du caustique, la bougie préparatoire parvint au second obstacle, qui fut touché le 27.

Le 30, nouvelle application qui, sur la demande du malade, fut prolongée un tiers au-delà du temps ordinaire. Vers le soir, le cours des urines fut plus difficile que de coutume; cependant les bains de siège parvinrent à rendre les urines à leur cours habituel. Il ne se passa, du reste, rien de particulier.

Jusqu'au 22 juin, les applications du caustique furent continuées régulièrement tous les deux ou trois jours, suivant que les occupations du malade le permirent. Le jet des urines devint peu-à-peu plus volumineux. L'écoulement de matières muqueuses puriformes continua avec abondance, et de temps en temps le malade rendoit, avec les urines, de petites parcelles membraniformes blanchâtres, que je regardai comme de petites escarres produites par le caustique.

Le 22, sur la demande du malade, qui désiroit retourner promptement à Nantes, je prolongeai l'application du caustique le double du temps ordinaire : la douleur ne fut guères plus vive que de coutume. Le malade marcha beaucoup dans le cours de la journée; et vers le soir il ne put rendre que très-difficilement une petite quantité d'urine. Effrayé de cette circonstance, il me fit appeler à onze heures du soir. Je le trouvai très-inquiet sur son état, mais n'éprouvant ni douleur locale au point touché, ni mouvement fébrile; la vessie n'étoit point élevée au-dessus du pubis, je rassurai M. A*** sur son état, et je lui prescrivis une potion calmante et l'usage des bains de siège.

Le 23, les urines avoient repris leur cours habituel. Le 24, le jet fut plus fort qu'il n'avoit été jusqu'alors, et entraîna un lambeau d'escarre épais d'une bonne demi ligne.

Le 4 juillet, la bougie préparatoire franchit le second et dernier obstacle, et les urines coulèrent à plein canal.

Durant tout le cours du traitement, M. A. n'eut pas le moindre mouvement fébrile, et ne se plaignit jamais d'éprouver beaucoup de douleur, même dans les cas où j'ai prolongé l'application du caustique plus que de coutume. L'écoulement de matières muqueuses puriformes fut toujours très abondant; trois ou quatre fois, il sortit quelques gouttes de sang du canal, et jamais l'excrétion des urines ne fut entièrement interrompue.

Le 14 juillet, le malade étant à la veille de son départ me fit demander; et je dissipai quelques inquiétudes qu'il avoit encore sur son état, en introduisant avec une extrême facilité, jusques dans la vessie, une sonde de gomme élastique sans mandrin. Cette sonde étoit du calibre du canal de l'urètre.

Depuis que ce mémoire a été publié dans le Journal de Médecine, j'ai appris du second malade, M. V., qui est actuellement à Paris, que le docteur Stichelberger, médecin à Bâle en Suisse, a traité et guéri un malade affecté d'une rétention d'urine par rétrécissement du canal de l'urètre, en se servant des bougies armées dont je fis un envoi à M. V. au commencement de l'année 1811. Ce malade est, au rapport de M. V., le seul que le docteur de Bâle ait traité.

FIN.

www.ingramcontent.com/pod-product-compliance
Ingram Content Group UK Ltd.
Pitfield, Milton Keynes, MK11 3LW, UK
UKHW020451230726
13925UKWH00005B/1873

9 782014 059823